CINQUIÈME CENTENAIRE

DU

BIENHEUREUX

PIERRE DE LUXEMBOURG

CÉLÉBRÉ

DANS L'ÉGLISE SAINT-DIDIER

DU

1er AU 5 JUILLET 1887

AVIGNON

AVIGNON
AUBANEL FRÈRES, IMPRIMEURS DE N. S. P. LE PAPE
ET DE MONSEIGNEUR L'ARCHEVÊQUE
Place Saint-Pierre, 9.

1887

Sommaire :

Lettre pastorale de S. G. Monseigneur l'Archevêque sur les fêtes du Centenaire — Vie du B. Pierre de Luxembourg — Son Culte — Indult pontifical — Programme des fêtes — Cantique en l'honneur du Saint.

LETTRE PASTORALE

DE

MONSEIGNEUR L'ARCHEVÊQUE D'AVIGNON

LOUIS-JOSEPH-MARIE-ANGE VIGNE

Par la Miséricorde divine
et la grâce du Saint-Siège apostolique

ARCHEVÊQUE D'AVIGNON
ASSISTANT AU TRÔNE PONTIFICAL, COMTE ROMAIN

Au Clergé et aux Fidèles de notre Diocèse
Salut et Bénédiction en Notre-Seigneur Jésus-Christ.

Nos très chers Frères,

Le 5 juillet de l'an de Notre-Seigneur 1387, la ville d'Avignon célébrait des funérailles qui furent un triomphe. « Le Pape, nous »dit un historien, les Cardinaux, les Religieux, les Magistrats, les »Consuls, et toutes les notabilités de la ville y assistèrent (1). » Les pauvres y étaient aussi accourus en grand nombre, car celui que l'on conduisait avec une pompe si touchante au champ du repos s'était dépouillé de tout pour soulager leurs misères.

Peu de jours auparavant, le 2 juillet, non loin des remparts de notre cité, sur l'autre rive de notre fleuve, à Villeneuve, s'était éteinte, sous le baiser du Seigneur, et pour renaître dans le Paradis, une noble et pure existence. Pierre de Luxembourg, cardinal de la

(1) M. Fourier de Bacourt, *Vie du B. Pierre de Luxembourg.*

sainte Eglise romaine, avait rendu sa belle âme à Dieu. Mais Avignon qui était devenu le séjour du Bienheureux Pierre depuis son entrée dans le Sacré-Collège ; Avignon, qu'il avait tant édifié, et qui avait su apprécier sa vertu, avait réclamé sa dépouille mortelle comme un précieux trésor. Lui-même d'ailleurs, avait voulu laisser ses restes à notre cité, et il avait, dans son humilité, demandé à être enterré dans le cimetière de S. Michel, destiné à cette époque à la sépulture des pauvres.

La vie de Pierre de Luxembourg, avait été bien courte aux yeux des hommes. D'après l'un de ses plus sérieux biographes, quand il quitta cet exil de la terre, il n'avait que dix-huit ans (1). Mais cette vie avait été longue, féconde et pleine de mérites devant Dieu. On pouvait appliquer à la lettre à notre Bienheureux la parole de l'Ecriture : *Consummatus in brevi, explevit tempora multa* (2).

En effet, Nos très chers Frères, Pierre de Luxembourg était encore presque un enfant, et déjà il étonnait ses contemporains par sa science des choses divines, par la maturité de son esprit, par l'intrépide fermeté de son cœur, l'ardeur de sa foi et de sa charité, l'austérité de ses mœurs et la sainteté de sa vie.

Il appartenait à une famille princière, alliée aux Empereurs et aux Rois ; mais son mérite, plus encore que l'éclat de sa naissance, appela sur lui, dès l'âge le plus tendre, de grandes charges et de périlleux honneurs. Si ceux-ci effrayèrent son humilité qui aurait voulu s'y soustraire, celles-là ne purent abattre son jeune courage et sa constance prématurée. Il se montra, en dépit de sa jeunesse, à la hauteur des uns et des autres.

Le diocèse de Metz, dont il fut l'évêque à l'âge de 15 ans, le vit non sans admiration remplir sa charge de Pasteur avec le zèle d'un apôtre, et avec cette sagesse qui est ordinairement le partage des seuls vieillards mûris par l'expérience et instruits de longue date aux épreuves et aux luttes du gouvernement des hommes.

Bientôt après, notre ville d'Avignon, sur laquelle il devait jeter un si grand lustre, et, hâtons-nous de le dire en l'honneur de cette religieuse cité, qui devait garder de lui un si fidèle et si pieux souvenir, notre ville d'Avignon le vit Prince de l'Eglise, décoré de la pourpre cardinalice, répandre autour du trône pontifical la bonne odeur des vertus de Jésus-Christ, édifier au plus haut degré le Clergé, la noblesse et le peuple, et se montrer en tout et partout, par la vivacité et l'énergie de sa foi, par la ferveur de sa piété, par l'incomparable générosité de sa charité, par son merveilleux esprit d'humilité, de mortification et de pénitence, le modèle et l'ornement du Sacré-Collège, un véritable Saint digne dans la plus large mesure de l'amour de Dieu et de la vénération des hommes.

Nous ne venons pas en ce moment, Nos très chers Frères, vous faire l'histoire du Bienhereux Pierre de Luxembourg.

(1) M. Fourier de Bacourt, ibid. — (2) Sap. IV, 13.

Au jour anniversaire de ses triomphales funérailles, le 5 juillet prochain, où nous célèbrerons le cinquième centenaire de cet évènement si mémorable pour notre cité, une voix plus éloquente que la nôtre vous redira au milieu de nos solennités, du haut de la chaire de Saint-Didier, les merveilles de sa vie si courte mais si pleine.

Nous avons voulu que le glorieux saint dont l'église de cette si chrétienne paroisse a le bonheur et la gloire de garder les Reliques, que nous regardons à bon droit comme un des Patrons de notre ville d'Avignon et de notre Diocèse, sous la protection spéciale duquel est placé un établissement bien cher à notre cœur, notre Petit Séminaire d'Avignon, eût, en cette circonstance, un panégyriste digne de lui.

Répondant aux vœux de notre respectueuse amitié avec une bienveillance qui ne pouvait nous surprendre, mais qui excite dans notre cœur une reconnaissance profonde, Mgr l'Evêque de Nîmes a daigné accepter cette pieusse et noble mission. Nous savons, et vous savez tous, Nos très chers Frères, avec quel zèle, quel talent et quelle éloquence il la remplira, et nous tenons à lui exprimer dès aujourd'hui, en votre nom et au nôtre, les sentiments de la plus vive gratitude.

Quant à nous, Nos très chers Frères, en vous annonçant le cinquième centenaire des obsèques de notre jeune Saint, nous nous proposons simplement de vous dire pourquoi il nous a paru bon de célébrer sa fête, à cette occasion, avec plus de pompe et de solennité que d'ordinaire.

Il nous a semblé que cette pompe et cette solennité en ravivant nos souvenirs traditionnels, raviveraient aussi notre foi, notre piété, notre zèle, et que Dieu, hélas! tant outragé à notre époque malheureuse, y trouverait sa gloire, Pierre de Luxembourg un surcroît d'honneurs et de vénération bien mérités, que nous-mêmes nous y trouverions, outre l'espérance d'une protection plus efficace de la part de notre bien-aimé Saint, un stimulant à marcher sur ses traces, un salutaire encouragement à pratiquer les vertus dont il nous a donné par ses exemples de si touchantes et de si nobles leçons.

I

Dieu est admirable dans ses Saints, nous disent nos Livres sacrés: *Mirabilis Deus in sanctis suis* (1). Seigneur, quand vous couronnez dans le paradis les mérites de vos élus, vous couronnez vos propres dons : *Coronando merita, coronas dona tua.* Ainsi s'exprime une prière liturgique.

Les honneurs que nous rendons aux Saints vont donc à Dieu, comme l'admiration que nous témoignons à la vue d'un chef-d'œuvre

(1) Ps. LXVII, 36.

de peinture ou de sculpture s'adresse à l'artiste inspiré qui en fut l'auteur.

Les honneurs que nous rendons aux Saints sont provoqués par le sentiment que nous avons de leurs mérites.

Or, Dieu est la véritable source, l'auteur et le consommateur des mérites des Saints.

Sans doute, les Saints ont concouru à l'action de Dieu dans leur âme. Ils ont mis, avec une constance généreuse, leur volonté libre à la disposition de la grâce divine. Ils se sont pliés docilement aux inspirations et à l'influence de cette grâce.

La grâce de Dieu a été la lumière à laquelle ils ont ouvert les yeux de leur esprit ; elle a été le guide qu'il ont suivi.

La grâce de Dieu a été la force sur laquelle ils se sont appuyés dans leurs épreuves, dans leurs tentations et dans leurs combats, et qui leur a donné la victoire sur tous leurs ennemis.

La grâce de Dieu a été la nourriture constante et substantielle de leur âme, nourriture qu'ils ont goûtée, savourée avec délices, et qui leur a communiqué la vigueur et la fécondité d'une jeunesse sans cesse renaissante comme celle de l'aigle dont parle le Prophète : *Renovabitur ut aquilæ juventus tua* (1).

Leur sainteté, les merveilles de leur vie, sont à coup sûr leur œuvre personnelle, et c'est pour cela qu'ils sont personnellement dignes d'honneur et de gloire ; mais elles sont aussi, elles sont surtout l'œuvre de Dieu par sa grâce. Pour rendre hommage à la vérité et respecter les droits de la justice, tous les Saints ont dû dire avec Marie, leur auguste Reine : *Fecit mihi magna qui potens est* (2) ; le Tout-Puissant a fait en moi de grandes choses.

C'est, en effet, la grâce divine qui a déposé en eux les germes de ces vertus héroïques que nous admirons dans leur vie ; c'est l'influence de cette grâce qui a provoqué l'éclosion de ces germes bénis, qui a produit leur magnifique développement, leur gracieuse floraison, et l'abondante moisson de fruits de salut qui en a été l'heureux et immortel résultat.

Il est donc vrai de dire, Nos très chers Frères, qu'en honorant les Saints, nous accomplissons un de nos plus importants devoirs envers Dieu : nous le glorifions lui-même.

C'est ce que l'hérésie ne comprend pas, elle qui, dans l'étroitesse de ses vues, proscrit le culte des Saints.

Mais l'Eglise catholique, la véritable Eglise de Jésus-Christ, celle que le Saint-Esprit ne cessera jamais d'assister, celle à qui Jésus-Christ a dit : « Allez, enseignez toutes les nations... et voilà que je suis avec vous jusqu'à la consommation des siècles », l'Eglise catholique l'a toujours compris.

Elle a fait du culte des Saints un dogme de sa foi, une loi de sa liturgie sacrée, parce qu'elle a estimé que ravir aux Saints le

(1) Ps. CII, 5. — (2) Luc I, 49.

culte des peuples chrétiens, ce serait ravir à Dieu une part importante de la gloire qui lui est due.

Aussi, dès les premiers jours de son existence, l'Eglise catholique s'est plu à entourer d'hommages les tombes et les restes de ses premiers Saints, les martyrs; elle a célébré leur gloire par de pieux cantiques, imploré leur intercession auprès de Dieu, institué en leur honneur des fêtes et des solennités.

Les monuments de notre histoire la plus reculée en portent l'irrécusable témoignage, et, dans la suite des âges, l'Eglise a persévéré dans cette pratique sainte ; elle n'a jamais cessé d'inviter les fidèles à glorifier Dieu en honorant et en invoquant les Saints des anciens jours ; elle n'a jamais cessé non plus de glorifier Dieu en plaçant sur ses autels et en entourant de ses hommages les Bienheureux que, dans le cours des siècles, la grâce divine a suscités dans son sein.

Chaque année, dans notre cité d'Avignon, au retour de la date mémorable du 5 juillet, fidèle à cette tradition, notre église de Saint-Didier, gardienne des Reliques du Bienheureux Pierre de Luxembourg, se met en fête.

Un Triduum de prières et de pieux hommages est célébré, l'éloge du Saint retentit sous les voûtes antiques, le tableau de ses vertus est retracé aux regards du peuple, et le Seigneur est glorifié en son élu par la voix et le cœur des fidèles qui s'écrient, dans un élan d'enthousiasme et de foi : Oui, Dieu est admirable dans ses Saints, *Mirabilis Deus in sanctis suis* (1) !

Or, Nos très chers Frères, puisque la présente année nous amène le cinquième centenaire de celle solennité, n'est-il pas à propos que nous le célébrions avec une pompe inusitée ?

Pieux habitants d'Avignon, nous avons pressenti votre désir à cet égard, et nous avons à cœur de le réaliser. Nous voulons donner à notre chère fête du 5 juillet toute la solennité que les circonstances nous permettent. Plusieurs de nos frères de l'Episcopat nous ont promis de l'embellir et de l'honorer de leur présence. Nous sommes heureux de vous le dire, et, nous vous connaisssons trop, nous vous estimons trop pour en douter, vous serez heureux vous-mêmes de profiter de cette occasion, pour rendre gloire à Dieu avec nous, avec nos vénérés Collègues, en offrant au Bienheureux Pierre de Luxembourg des hommages plus fervents et plus solennels que jamais.

II

Cet illustre Saint qui, autrefois, édifia notre cité, qui, toujours, du haut du Ciel, la protège, a les droits les plus incontestables à nos pieux hommages.

Nos hommages lui sont dus parce qu'il a été sur la terre un hé-

(1) Ps. LXVII, 36.

roïque serviteur de Dieu ; parce qu'il a fait fructifier au centuple ici-bas le talent qu'il avait reçu de la divine miséricorde ; parce que le juste Rénumérateur, tenant compte de ses mérites, l'a fait asseoir, près de lui, sur un des trônes du Paradis d'où il veille sur nous avec amour.

Peuple d'Avignon, ne te contente pas de porter tes regards sur l'autel où reposent, au milieu des lumières et des odorantes vapeurs de l'encens, les restes précieux de Pierre de Luxembourg !

Lève les yeux vers le Ciel !

Là-haut, ta foi le découvre assis à la droite de Dieu.

Les anges et les saints sont les compagnons de son triomphe.

Il chante avec eux l'éternel hosanna.

Sur son front, où le bonheur rayonne, brille un diadème devant lequel pâlissent l'or et les pierreries.

La pourpre qui le couvre est mille fois plus éclatante que celle dont il fut revêtu sur la terre.

Le jeune Prince de l'Eglise est devenu le Prince immortel du ciel.

Les vertus qu'il pratiqua, les œuvres saintes qu'il accomplit ici-bas lui ont fait dans le Ciel une couronne d'honneur, un vêtement de gloire incomparable (1).

Dieu le Père, Notre-Seigneur Jésus-Christ, le Saint-Esprit, les trois personnes de l'adorable Trinité semblent lui dire sans cesse : *Ero merces tua magna nimis* (2) : c'est pour les siècles éternels que nous sommes ta magnifique récompense ! La Vierge-Mère, la Reine des Elus, le regarde avec complaisance ! Ne reconnaît-elle pas en lui les traits divins de son fils Jésus ?

Qu'il est beau, qu'il est grand dans la splendeur de sa gloire céleste ! Qu'il est digne de nos hommages et de notre vénération !

Mais tu le sais, ô peuple fidèle ; ta foi te l'enseigne, tu le crois fermement, il n'est pas moins puissant et bon !

Puissant ! il l'est auprès de Dieu et auprès de Marie toujours empressés à écouter et à exaucer ses prières ; bon ! il l'est pour toi jusqu'à la tendresse, jusqu'à la sollicitude la plus dévouée !

Ah ! laisse monter vers lui tes pieuses supplications ! Ne crains point qu'elles soient vaines !

Autrefois, en faveur de tes ancêtres, son intercession a multiplié les miracles, jamais elle ne cessera de faire descendre sur toi les grâces les plus abondantes et les plus précieuses !

Oui, Nos très chers Frères, il est digne de nos hommages le Bienheureux Pierre de Luxembourg, et nous ne les lui refuserons jamais !

La cité d'Avignon aimera toujours à célébrer ses vertus et à chanter sa gloire.

Elle entourera toujours son autel, ses restes bénis, tout ce qui

(1) *Gloriâ et honore coronavit eum* (Ps. VII, 6). *Amavit eum Dominus et ornavit eum ; stolam gloriæ induit eum.* — (2) Gen. XV, 1.

nous rappelle son passage au milieu de nous, de sa vénération la plus pieuse.

Nous aurons recours à lui, dans tous nos besoins, avec une confiance sans bornes. Nous lui demanderons la prospérité temporelle du pays qui fut l'heureux témoin d'une partie de sa sainte vie et de sa mort bienheureuse, et qu'il n'a cessé d'aimer; nous lui demanderons surtout la prospérité spirituelle de son peuple.

Oui, gloire à notre Saint bien-aimé! Gloire à lui qui, aux jours d'autrefois, brilla dans notre cité comme un flambeau céleste; qui, par le souvenir toujours vivant de ses vertus, par la puissance dont il jouit auprès de Dieu, par la charité qui l'anime envers nous, brille toujours sur elle comme un phare protecteur, un guide et un soutien assurés!

Gloire à lui! Ce fut le cri de nos ancêtres émerveillés et reconnaissants; ce sera, nous l'espérons, le cri des générations qui viendront après nous, et qui, à l'exemple de nos ancêtres et comme nous, seront heureuses de lui offrir les gages de leur vénération et de leur confiance; c'est le cri unanime qui s'exhale de nos cœurs! Et quand donc ce cri retentira-t-il avec plus de justice et plus d'à-propos, quand sera-t-il plus en harmonie avec le sentiment général de nos âmes qu'au jour spécialement solennel de son pieux centenaire?

Et voilà, Nos très chers Frères, le second motif pour lequel nous avons tenu à donner à la fête du centenaire du Bienheureux un éclat inaccoutumé.

III

Un troisième motif nous y engageait encore, et celui-ci n'est pas moins sérieux que les autres.

La Providence nous appelle à vivre à une époque malheureuse.

Non seulement la foi s'est affaiblie au milieu de nous, la pratique des devoirs de la vie chrétienne est oubliée d'un très grand nombre; mais aussi les caractères se sont affaissés, et par suite l'amour de la vérité, l'énergie du bien, la haine du mensonge, la crainte et l'horreur du mal nous font défaut.

Ne semble-t-il pas, en effet, que l'esprit de foi, l'esprit d'humilité, l'esprit de renoncement, de mortification et de pénitence, qui sont le gage nécessaire de la sainteté de la vie et du salut, le grand ressort de l'âme chrétienne et virile, aient abandonné notre société contemporaine?

Quel cas fait-on de nos jours des biens spirituels, et même des véritables biens sociaux? Quels efforts nous inspire la sollicitude des intérêts immortels de notre âme, et des intérêts supérieurs de l'ordre social?

A voir ce qui se passe dans le monde, et même, hélas! dans les milieux les moins mauvais, au spectacle de la tiédeur, de la nonchalance, de la mollesse, de l'indifférence des uns, de l'impiété systématique des autres, ne serait-on pas tenté de croire que nous nous résignons à vivre au jour le jour, sans souci de l'avenir de la société; que nous n'avons plus foi en nos immortelles destinées, ou du moins que nous n'avons plus le courage d'y tendre ?

Les bagatelles de la vie présente, les vanités qui flattent notre cupidité et notre orgueil, les jouissances qui enivrent nos sens, l'inertie qui va si bien à notre paresse, voilà ce qui nous attire et nous captive, voilà ce qui menace la société d'une ruine lamentable et nos âmes de l'éternelle damnation !

Pourrions-nous en disconvenir, Nos très chers Frères ? De telles tendances sont un fléau pour le présent, préparent des cataclysmes pour l'avenir, des regrets stériles pour l'éternité !

Il faut donc réagir contre elles, nous efforcer de les enrayer et de nous y soustraire, de remonter le courant fatal qui nous entraîne vers l'abîme !

En méditant la vie des Saints, Augustin se disait autrefois : *Cur ego non potero, quod isti et istæ ?* Ce qu'ont fait ceux-ci et celles-là, pourquoi ne le ferais-je pas moi-même ?

La sagesse des nations a formulé cet adage : *Verba movent, exempla trahunt* : La parole ébranle, l'exemple entraîne.

Sans doute l'enseignement doctrinal de la vertu est utile et nécessaire; il éclaire l'intelligence, et par là même il réveille et émeut la volonté.

Il est bon, il est indispensable de méditer les préceptes de la morale évangélique, qui n'est pas seulement le salut des âmes, mais aussi la meilleure sauvegarde des sociétés, de se pénétrer de sa théorie sacrée, de s'affermir dans la connaissance et dans la foi des dogmes qui en sont le principe fécond et la base inébranlable. Les lumières de l'esprit ne peuvent être sans influence sur les dispositions du cœur, et, dans tous les cas, ces lumières sont nécessaires pour constituer le vrai chrétien qui est essentiellement un bon et utile citoyen parce qu'il est un homme de foi et un homme d'action.

Mais, nous le répétons, si l'enseignement théorique et la foi préparent merveilleusement à l'action, au profit de l'âme et du bien social, l'exemple achève victorieusement leur œuvre : il subjugue la volonté, il entraîne, il soutient et décuple l'énergie et le courage ; il mène au triomphe.

Quand le chef donne au soldat l'exemple du mépris du danger, d'une bravoure à toute épreuve, le soldat ne craint rien ; il affronte tous les périls, il vole intrépide à l'ennemi ! Si quelquefois il succombe, on ne peut dire de lui qu'il est vaincu : il a sauvé l'honneur de son drapeau ; les lauriers qu'il a cueillis fleuriront sur sa tombe, et il a mérité d'être inscrit au Livre d'or des braves.

Or, Nos très chers Frères, pourrions-nous proposer aux méditations des générations actuelles, énervées par les souffles mauvais du siècle, un exemple plus salutaire que celui de l'illustre Bienheureux dont nous nous préparons à célébrer le centenaire ?

Quelle leçon pour nous que la vie si courte mais si pleine de ce jeune héros chrétien !

Comme il a vaillamment méprisé tout ce qui nous attire et nous enchaîne !

Les honneurs, les richesses, il les a trouvés dans son berceau ; les jouissances, elles lui ont été offertes ; le monde, avec sa perfidie ordinaire, les a fait miroiter à ses yeux : il n'en a point voulu.

Dès ses plus tendres années, il a renoncé à toutes les vanités de la terre, et il a dit à Dieu avec le Prophète : *Dominus pars hæreditatis meæ et calicis mei : Tu es qui restitues hæreditatem meam mihi* (1) : Seigneur, vous serez la part d'héritage que je choisis ; pour vous je quitte tout le reste, et je sais que vous me le rendrez avec munificence.

Eclairé par la foi, inspiré par l'espérance, soutenu et fortifié par la charité, comme il a, résistant à toutes les séductions, sans se laisser intimider par les menaces et les violences des propres membres de sa famille, généreusement embrassé la croix de Jésus-Christ !

A l'âge où les autres hommes sont encore incapables d'une pensée sérieuse, d'un effort généreux, par l'énergie que son caractère puisait dans sa foi, par la sublimité de sa vertu, par l'austérité de sa mortification et de ses pénitences, il étonne les plus sages et remplit d'admiration les plus parfaits.

Aussi quels pas de géant ce jeune enfant fait-il dans le chemin qui mène aux plus hauts sommets de la perfection chrétienne !

Il a dix-huit ans à peine, quand Dieu le juge prêt à recevoir la couronne, et quelle couronne !

Les peuples, témoins des merveilles de sa vie et de sa mort bienheureuse, proclament sa sainteté ; ils se pressent autour de sa dépouille mortelle, ils l'invoquent déjà comme un prince du Ciel : et Dieu donne raison à la confiance des peuples en multipliant les miracles autour de son tombeau !

Oh ! oui, Nos très chers Frères, dans notre charité pour vous, il nous a paru bon et salutaire de profiter de l'occasion du centenaire de notre Bienheureux Pierre de Luxembourg, pour appeler votre attention sur cette héroïque modèle et nous avons pensé que l'éclat donné à cette fête aurait pour résultat, en vous amenant à étudier et à méditer sa sainte vie, à contempler, avec l'attention de la piété, ses exemples de vertu, de vous sauvegarder, mieux que toutes nos exhortations, des dangers de l'impiété, de l'indifférence et de la tiédeur, de vous faire souvenir d'une manière efficace de ce que vous devez à Dieu, à votre âme et à votre pays, de vous entraîner, en un mot, à sa suite, autant du moins qu'il est nécessaire pour votre sanctification et pour votre salut.

O notre Saint bien-aimé ! Le but que nous nous sommes proposé en vous préparant cette fête jubilaire, daignez, par vos bénédictions

(1) Ps. xv, 5.

et par votre secours, nous le faire atteindre ! Nous nous confions pour cela à votre puissance et à votre charité !

Oui, que Dieu soit glorifié comme il mérite de l'être par cette solennité ! Qu'elle provoque autour de votre souvenir et de vos reliques déjà si vénérées parmi nous des hommages vraiment dignes de votre vertu ! Que le peuple enfin que nous aimons avec vous de toute l'énergie de notre cœur, non content de vous invoquer avec sa confiance traditionnelle, apprenne de vous comment il doit aimer et servir Dieu ; qu'il travaille, par sa fidélité à remplir tous les devoirs de la vie chrétienne, à l'honneur et à la prospérité de son pays, à sa propre sanctification et à son bonheur éternel !

IV

Il nous reste maintenant, Nos très chers Frères, à vous annoncer deux choses qui, à coup sûr, réjouiront votre cœur.

Désireux de donner à la fête du cinquième centenaire du Bienheureux Pierre de Luxembourg tout l'éclat et toute la pompe dont elle est digne, nous avons prié, ainsi que nous vous l'avons dit déjà, plusieurs de nos vénérés collègues de l'Episcopat de s'unir à nous en cette circonstance solennelle. Nous comptons sur l'aimable et bienveillant concours des quatre Evêques de notre Province ecclésiastique, Monseigneur de Nîmes qui, nous l'avons dit aussi, sera l'éloquent panégyriste de notre Saint, NN. SS. de Montpellier, de Valence et de Viviers. A ces vénérables Prélats voudront bien se joindre, nous en avons la gracieuse promesse, NN. SS. de Marseille et de Monaco.

Nous éprouverons une joie bien vive en voyant ces bien-aimés Frères rendre hommage avec nous et avec vous au saint Protecteur de notre cité ; et, de votre côté, Nos très chers Frères, vous leur ferez cet accueil respectueux et sympathique que vous avez si bien su faire de tout temps à vos Pères dans la foi, aux premiers Pasteurs de l'Eglise, en songeant qu'ils viennent s'unir à votre Archevêque pour appeler sur vous les meilleures bénédictions du Bienheureux Pierre de Luxembourg, de Notre-Dame des Doms si chère à votre piété, et de Notre-Seigneur Jésus-Christ.

En second lieu, Nos très chers Frères, nous sommes heureux de vous dire que le Triduum, précédant ordinairement la fête du Bienheureux Pierre de Luxembourg, sera remplacé cette année par une Retraite de cinq jours qui commencera le 1er juillet pour se terminer le jour de la solennité.

Les exercices de cette Retraite seront prêchés, dans l'église de Saint-Didier, par le Prieur des Dominicains de Carpentras, le R. P. d'Alauzier, dont les fidèles d'Avignon connaissent l'éloquence, le zèle et la piété.

A l'occasion du centenaire, nous avons eu le bonheur d'obtenir de Notre Très Saint Père le Pape Léon XIII une Indulgence plénière applicable aux âmes du Purgatoire, attachée à chacun des jours de la dite retraite, pour tous les fidèles qui, après s'être confessés et avoir communié, visiteront pieusement l'église de Saint-Didier, et prieront aux intentions du Souverain-Pontife. Nous donnons ci-après l'Indult Pontifical.

Nous verrions avec plaisir les diverses paroisses de la ville d'Avignon accomplir, à tour de rôle, pendant les premiers jours de la retraite, un pieux pèlerinage, et célébrer une messe solennelle dans l'église Saint-Didier. Ils voudront bien s'entendre pour cela avec M. le Curé de cette paroisse et se concerter entre eux.

Et sera la présente Lettre lue au prône de toutes les églises et chapelles de notre Diocèse, le dimanche qui en suivra la réception.

Donné à Avignon, en notre Palais archiépiscopal, sous notre seing, et le sceau de nos armes et le contre-seing du Secrétaire-général de l'Archevêché, le 5 juin 1887 en la fête de l'adorable Trinité.

† Ange, *Arch. d'Avignon.*

Par Mandement de Mgr l'Archevêque.

Lautier, *Chanoine, secrétaire général.*

LE B. PIERRE DE LUXEMBOURG.

Abrégé de sa vie.

Deservire : Se dévouer.

Devise du Bienheureux.

Le jeune Saint, qui adopta cette devise et la réalisa si complètement durant sa vie, naquit le 20 juillet 1369 à Ligny, aujourd'hui petite ville du diocèse de Verdun. On voit encore la tour où la comtesse Mahaut de Châtillon, sa mère, cousine de la reine Jeanne de France, le mit au monde.

Son père, Gui 1er, comte de Ligny et de Saint-Pol, avait mis son épée au service de la France et eut l'honneur d'être choisi par Duguesclin comme son lieutenant dans l'expédition d'Auvergne. Il tomba glorieusement sur les champs de bataille en 1371.

Pierre de Luxembourg, son sixième enfant, était alors âgé de trois ans; il devint bientôt tout-à-fait orphelin par la mort de sa mère. Une tante le recueillit et cultiva si bien son jeune cœur qu'*on ne remarquait plus en lui aucun défaut*. L'emportement et la vanité firent place à l'humilité la plus douce et la plus aimable.

Les pauvres furent l'objet de sa prédilection; il aimait à les secourir et à les instruire des vérités de la foi ; on l'appela le *petit prédicateur.* Les bons exemples qu'il donnait venaient à l'appui de sa parole. On le surprenait souvent le jour, quelquefois la nuit, méditant à genoux sur la Passion de Notre-Seigneur, en compagnie d'une sœur pieuse, qu'il excitait à la vertu.

Vers la fin de l'an 1377, notre Bienheureux, âgé de huit ans, fut envoyé à Paris, pour y suivre les leçons de l'Université, qui, à cette époque surtout, jetait dans le monde un très grand éclat. Il ne tarda point à s'y faire remarquer par la précocité de son intelligence et surtout par le charme de sa vertu. La grammaire, la philosophie et le droit canon semblaient n'avoir pour lui aucun secret; toutefois la piété l'emportait encore sur la science.

Il revêtit, les deux premières années, le costume des enfants de chœur (*Innocentes*),et s'assit à leur banc sans remplir aucune fonction. Il se plaisait au milieu des cérémonies et des chants; et il dit un jour au musicien Guillaume Trigant: *Ah ! combien vous m'aidez à aimer notre bon Maître !*

Il avait un goût prononcé pour la solitude, parce qu'elle favorisait les pieux épanchements de son âme, et l'on rapporte qu'un jour, comme le comte de Ligny, son frère, venu à l'improviste, demanda à le voir, on le chercha en vain parmi ses condisciples. Subitement inspiré, son professeur monta sur l'une des tours de Notre-Dame, et l'y trouva à genoux, les yeux pleins de larmes, récitant tout haut l'évangile de la Passion. On ne lui fit aucun reproche; mais, confus du trouble dont il était cause, Pierre se mit à genoux au milieu du réfectoire, et implora le pardon de ses maîtres et de ses condisciples.

En société, on le voyait toujours joyeux et le front serein ; on n'eût osé prononcer devant lui le moindre mot inconvenant; sa modestie charmait tout le monde.

Dès-lors il conçut le projet de se dévouer aux enfants du peuple, et dans ce but il ouvrit une petite école où six d'entre eux vinrent trois fois par semaine assister à ses leçons.

Doué d'un grand sens et d'un rare esprit de conciliation, il trouvait aisément le chemin des cœurs et possédait le talent d'apaiser les querelles. Un dissentiment très marqué s'étant élevé entre deux écoles, fort jalouses l'une de l'autre, Pierre de Luxembourg le fit disparaître; à la suite de cette heureuse médiation, on le surnomma le *pacificateur de l'Université.*

*
* *

Un événement malheureux l'obligea tout à coup à suspendre ses études. C'était en 1380: Valéran, son frère, ayant guerroyé contre les Anglais, qui étaient maîtres de Calais, tomba dans une embuscade et fut fait prisonnier. La liberté lui fut promise, mais à la condition de payer une somme énorme et de livrer son frère en otage.

C'est dans ces conjonctures que Pierre de Luxembourg partit pour Calais au mois de juin ; il se sépara sans hésitation de ses maîtres et de ses amis, et, pendant neuf mois, donna à nos ennemis l'exemple d'un chevalier francais loyal à Dieu, à sa famille, à son pays. Le roi d'Angleterre eût voulu l'attirer à sa cour et l'attacher à sa personne ; Pierre répondit qu'il préférait *être captif en France que banneret en Angleterre.* Dès que la rançon de son frère fut acquittée, il revint à Paris au printemps de l'année 1381.

Bientôt l'appel divin se fait entendre à l'oreille de notre jeune étudiant, qui, cette fois, renonce pour jamais au monde, forme le vœu de virginité perpétuelle et ne désire plus qu'une chose : se consacrer à Dieu dans l'état ecclésiastique. Valéran accourt, et combat vivement ce qu'il appelle le *caprice* de son jeune frère, puis, devant sa résolution inébranlable, demande au duc de Bourbon, en faveur de Pierre, un canonicat vacant de l'église de Notre-Dame.

Admirons ici le nouveau chanoine. Le premier dans l'accomplissement de tous ses devoirs, il *choisit d'être le dernier dans la maison de Dieu.* Il ne peut se résoudre à quitter la place des simples clercs ; tout son bonheur est de présenter à l'autel l'encensoir et le bénitier, et si l'un de ses confrères dans le canonicat trouve qu'il est fatigant et trop bas de porter la croix aux grandes processions des Rogations ou de sainte Geneviève, Pierre s'empresse de le remplacer ; il porte pieds nus l'image de son Dieu. Les Parisiens, émus, l'admirent et le comparent à S. Etienne.

Mais à mesure qu'il recherche l'humilité, la Providence l'élève. Après un an de séjour à Paris, on le nomme successivement archidiacre de Dreux, puis de Bruxelles, chanoine de Cambrai, et enfin, dans le courant de l'année 1384, évêque de Metz. En élevant à la dignité épiscopale un jeune homme de quinze ans, Clément VII avait considéré les éminentes qualités qui le distinguaient et aussi les importants services qu'il était appelé à rendre à l'Eglise dans les circonstances particulièrement difficiles où l'on se trouvait. C'était, en effet, l'époque du schisme. Sans que l'unité fût rompue en principe, les nations catholiques se partageaient. L'Espagne, l'Autriche, l'Ecosse, la Savoie et la France reconnurent le pape d'Avignon, Clément VII ; les Etats du Nord au contraire et l'Allemagne se prononcèrent pour le pape de Rome, Urbain VI.

Ces malheureuses divisions furent la source des difficultés que Pierre de Luxembourg allait rencontrer dans son diocèse ; afin de lui donner un plus grand crédit auprès de ses ouailles, Clément VII confère de plus au nouvel élu le titre de *Cardinal.* Celui-ci n'oublie rien, de son côté, pour remplir dignement la charge, qu'il n'avait acceptée qu'avec douleur, et dont il sentait plus que jamais le poids accablant.

Promu au diaconat dans la cathédrale de Paris, vers la fête de Pâques, il va pour quelques jours s'ensevelir dans la retraite auprès de Jeanne, sa sœur bien-aimée, qui habite Ligny ; tous deux passent le jour et une partie de la nuit dans la prière; puis quand le moment est venu, le nouvel évêque se lève, se met courageusement en marche, et montre par son attitude qu'il *n'est plus un jeune homme.*

L'installation officielle n'eut lieu qu'en 1385; le saint évêque n'y voulut d'autres magnificences que de grandes largesses pour les pauvres, ni d'autre appareil que celui de la modestie et de la piété. Il s'avança pieds nus, monté sur un âne, comme son Maître le jour de son entrée à Jérusalem. Le lendemain, il ordonna une procession, à laquelle il assista pareillement pieds nus. Jamais on n'avait vu à Metz un spectacle plus magnifique. Le dévouement et les vertus du jeune évêque lui avaient concilié tous les cœurs.

Toutefois, malgré les témoignages d'un absolu désintéressement, malgré les actes de fermeté épiscopale et de charité sans bornes, qui signalèrent son administration, Pierre de Luxembourg ne parvint pas à conjurer tous les maux, auxquels son diocèse était en proie. Abreuvé d'amertume, il se retira à Ligny, où il reçut la visite du légat du Pape. Désireux de le soustraire aux dangers qui le menaçaient et de produire sur un plus vaste théâtre la science et la vertu du jeune cardinal, Clément VII l'appela à la cour pontificale d'Avignon.

*
* *

On ne pouvait accueillir avec plus d'honneur le nouvel hôte de la cité papale. Les principaux personnages de la cour allèrent à sa rencontre; Clément VII le reçut avec effusion; plusieurs princes et seigneurs assistèrent à la cérémonie solennelle de son installation officielle, en qualité de *cardinal diacre.*

Il établit son domicile dans le palais du cardinal de la Tour d'Auvergne, aujourd'hui hôtel d'Archimbaud, dans la rue des Trois Faucons, près St-Didier, et continua cette vie de prières et de mortifications qui étonna tous ses contemporains. Comme ses amis, ses familiers, ses médecins l'engageaient à se traiter moins durement: — *C'est par la piété, la pénitence et les bonnes œuvres,* répondit-il, *que l'Eglise de Dieu doit être relevée... Je vois bien,* disait-il encore, *qu'on veut me faire venir de bonne voie à la malvaise...*

Au souvenir de ses moindres fautes, et à la vue des désordres qui affligeaient l'Eglise, il versait d'abondantes larmes; parfois il éveillait, la nuit, l'un de ses chapelains et pleurait à ses pieds en récitant le *Miserere.*

Il employait tout son avoir à nourrir les pauvres, à doter les filles indigentes, à soulager les malades. Un jour que sa bourse était à sec et qu'il n'avait plus rien à donner, il détacha son anneau et le fit vendre sur le champ, car il *ne voulait éconduire aucun pauvre.*

Sa tendre piété envers la Sainte Vierge mérite particulièrement d'être signalée; le duc d'Anjou lui ayant remis à son retour d'Italie une médaille de Notre-Dame, où était gravés deux vers de Dante, il la suspendit à son cou et la salua chaque jour par cent *Ave Maria.*

Il aimait souvent à rappeler les douces heures, passées à Paris, dans la Cathédrale. — *Ah ! je ne reverrai plus Notre-Dame ! Notre-Dame de Paris !...* Mais il se résignait bien vite dans la pensée qu'il accomplissait la volonté de Dieu.

On essayait souvent de lui suggérer quelque distraction, et c'est « pour donner quelque contentement au Saint-Père, » qu'il alla visiter les constructions de Châteauneuf. Là, comme il se promène aux abords du Château, méditant sur la Passion, Notre-Seigneur lui apparaît ; le Saint tombe à genoux, et pendant un quart d'heure reste plongé dans l'extase.

Les intérêts de l'Eglise faisaient encore l'objet de ses préoccupations les plus ardentes ; il conçut le projet, pour mettre fin aux divisions qui la désolaient, d'entreprendre un long voyage. L'itinéraire était déjà tout tracé ; il se proposait, pour éteindre le schisme, d'employer son crédit auprès de l'empereur d'Allemagne, et des rois de France et d'Angleterre, qui étaient tous les trois ses parents ; la maladie, dont il souffrait depuis déjà quelque temps, ne le lui permit pas. Il dut se résigner au repos, et, sur le conseil des médecins, il se retira à Villeneuve au mois de mars 1387.

⁂

La Semaine sainte et les fêtes de Pâques arrivèrent ; le pieux Cardinal en suivit les offices à la *Vallée de bénédiction*, chartreuse voisine de la maison qu'il habitait et où l'on voit encore sa chambre. L'air de la campagne sembla le refaire un peu. Comme on l'interrogeait sur sa santé : *Je vais bien, grâce à Dieu*, répondit-il en souriant.

Il ne désirait que de souffrir pour l'amour de Notre-Seigneur. — *Qu'il est heureux*, s'écriait-il, *celui qui verse son sang pour Jésus-Christ !* — *Vous changeriez bien vite de langage*, lui dit-on, *si vous voyez l'épée sur votre tête !* — *Non ! non ! quand même j'aurais la mort devant les yeux, je ne tremblerais pas.*

La mort approchait à pas lents, en effet, et il la vit venir avec joie. La fête de l'Ascension se passa dans une sainte allégresse ; mais le lendemain il garda la chambre, et le 24 juin, fête de S. Jean, il s'alita. Pensant à ce grand prédicateur de la pénitence, il avait regret de le suivre de si loin, et il écrivit ce jour-là une lettre à sa sœur, ce fut la dernière, dans laquelle il parla des souffrances avec un ton enthousiaste : — « L'adversité est le chemin des prophètes ; c'est la voie par laquelle les apôtres, les martyrs, les confesseurs, les vierges et les veuves sont allés en Paradis ; c'est *l'échelle* pour monter devant la sainte et benoîte Trinité. »

Le 28, on s'alarma, et l'on crut devoir avertir le malade qui reçut la nouvelle de sa mort prochaine avec un vif contentement. Il encouragea en même temps quelques jeunes gens qui vinrent lui demander sa bénédiction.

Le 29, il se confessa, entendit la sainte messe et reçut la sainte communion, puis il dicta ses dernières volontés, et *choisit sa sépulture au cimetière de Saint Michel d'Avignon, dans le terrain commun, en dehors des chapelles...*, désirant que l'on *couvre son corps d'une pierre à peu de frais...*

On fit, suivant le désir qu'il en exprima, la lecture du testament devant les gens de sa maison, qui entourèrent sa couche en pleurant. Il leur demanda pardon, puis il voulut que chacun lui donnât quelques coups de discipline.

Les deux jours suivants, il fit sa préparation prochaine à la mort. Le 2 juillet, on lui donna l'Extrême-Onction ; il ajouta quelques recommandations pour sa sœur, puis ôtant les deux annneaux qu'il portait au doigt, il en désigna les héritiers.

Dans l'après-midi, le sommeil avant-coureur de la mort appesantit ses paupières. On murmura à son oreille que le moment suprême approchait. — *O utinam ! ô utinam ! Domine !* murmura-t-il en joignant les mains ; *qu'il en soit ainsi* !

Il ne cessa de prier ; l'agonie commença. Le médecin se penchant vers son chevet, lui dit : *Monseigneur, souvenez-vous de Jésus-Christ, notre Sauveur et de la Vierge Marie — J'ai mis en eux toute mon espérance*, murmura-t-il, puis : *Retournez-moi un peu !...*

Ce furent ses dernières paroles. On lui mit un cierge bénit entre les mains ; on récita les prières des agonisants. Quelques instants après, il poussa un soupir, ouvrit les yeux et expira. Il avait alors dix-huit ans.

*
* *

La mort du B. Pierre de Luxembourg fut accueillie par des larmes à la Cour pontificale. Le Pape se rendit aussitôt à Villeneuve, pria auprès du corps, et dit en parlant du saint cardinal : « *Cette bienheureuse âme apaisera le courroux du ciel* » puis il passa la nuit en prières au couvent des Chartreux.

Le lendemain, des prêtres accompagnèrent à Avignon la sainte dépouille, et la déposèrent à la maison que le jeune cardinal avait habitée de son vivant. Le peuple accourut en foule de toutes parts, demandant à voir une fois encore les traits du *Saint*.

Le 5 juillet, eurent lieu les funérailles solennelles. Le Souverain Pontife, les Cardinaux, le clergé, les magistrats, les notabilités de lai ville y assistèrent. Mais le cortège le plus grandiose fut encore celus des pauvres, qui accompagnaient en pleurant au champ du repo celui qui les avait tant aimés, et qui n'avait laissé dans ses coffres' à sa mort, qu'une *pièce de vingt sols*.

Il fallut que la force publique arrêtât l'effervescence générale. On ne pouvait souffrir que ce précieux dépôt fût confié à la terre ; on se disputait les parcelles de cette tombe, déjà glorieuse ; et le ciel sembla donner raison à la confiance populaire ; car les miracles et les guérisons se multiplièrent.

*
* *

Depuis cinq siècles, jamais l'oubli ne s'est fait sur les restes précieux du B. Pierre de Luxembourg. Deux ans à peine après sa mort, une chapelle s'élève sur sa tombe, aux frais de la reine de Sicile, Marie de Bretagne ; le comte Valéran son frère, fournit les belles lampes d'argent qui vont désormais luire devant l'autel ; Jeanne, sa sœur, dépose de son côté dans la chapelle mortuaire une statue de sainte Catherine en argent.

Comme les miracles ne cessent pas, l'Université de Paris, fière de son élève, s'adresse au roi de France et aux chanoines de Notre-Dame, pour obtenir de Clément VII, en faveur de Pierre de Luxembourg, les honneurs des saints. Le savant Pierre d'Ailly, désigné comme promoteur de la cause, arrive à Avignon le 14 juin 1389, et prononce devant la cour pontificale deux éloquents discours sur les vertus et les miracles de celui qu'il avait eu pour élève et pour ami.

L'année suivante (1390), les témoins du procès sont entendus au nombre de dix-huit. On espèrait un prompt résultat, quand l'invasion des Musulmans détourne l'attention du pape. Trois ans après, quand il veut reprendre les travaux, Clément VII n'en a plus le temps ; on rapporte qu'il invoque en mourant le secours du Bienheureux : *Ah ! Ah ! Luxembourg ! Je te prie que tu me veuilles aider !* (17 sept. 1394.)

Cependant la nouvelle église, qui s'élève depuis un an sur le tombeau du B. Pierre de Luxembourg, et que l'on confie aux Célestins de Sorgues, prend chaque jour des proportions plus amples. Les cardinaux contribuent pour une large part à sa construction ; princes et princesses l'ornent à l'envi ; le duc de Savoie fournit la charpente ; le duc de Milan et le neveu du Pape donnent chacun 1500 florins d'or ; Jean de Luxembourg et sa femme la dotent de 6,000 ducats ; le roi fait un revenu de mille livres.

En même temps que les princes et les peuples portent en hommage au bienheureux Cardinal leurs cœurs et leurs richesses, on ne cesse de l'invoquer, on le presse de travailler à la pacification de l'Eglise. Cependant les évêques assemblés à Constance élisent pour unique pasteur Martin V, grand admirateur des vertus de Luxembourg. Le Dauphin, le duc de Bourgogne, les Célestins et le vénérable Pierre d'Ailly font des instances auprès du nouveau Pontife afin qu'il poursuive le procès de béatification.

On le reprend, en effet, quand soudain la guerre éclate entre la France et l'Angleterre, et suspend une fois encore les informations canoniques.

Tout-à-coup, la dévotion avignonaise prend un nouvel essor. Le 5 juillet 1432, un jeune garçon monte imprudemment à la *tour de Trouillas*, pour y chercher des nids, perd pied et tombe sur le sol *en marmelade.* Le père accourt désolé et pousse un cri de confiance : *Monsieur saint Pierre, soyez-moi secourable !* puis ramassant les membres sanglants de son fils, il les porte sur le tombeau du B. Pierre de Luxembourg. O prodige ! Les membres s'agitent ; l'enfant se redresse et se met à pousser un cri : *Estève ! Estève ! ièu noun pòde avè l'oussel ! Crése ben qué lou nis a toumba au sol !*

Cet événement merveilleux causa une émotion profonde ; l'archevêque d'Avignon, Bordini, ordonna que ce jour, anniversaire de la sépulture du Bienheureux, serait désormais un jour de fête chômée.

* * *

L'heure fixée par la divine Providence pour la glorification du B. Pierre de Luxembourg ne sonna qu'un siècle après, le 9 avril 1527. Au moment où personne ne s'y attendait, le Souverain Pontife, par un bref adressé aux Célestins d'Avignon, leur accorda de transporter le corps du Bienheureux, du souterrain qu'il occupait jusqu'alors, dans une place convenable de la grande et nouvelle église, commencée quelques années auparavant et dont il reste encore quelques nefs.

A la réception de la bulle, le légat d'Avignon résolut d'exposer le *Corps Saint*, et nomma à cet effet cinq commissaires qui furent chargés de reconnaître les ossements.

On ouvrit donc le tombeau, et l'on trouva le corps *accommodé*, comme le Bienheureux l'avait souhaité, *à la manière des pauvres* ; le lendemain, on leva de terre les reliques, et on les mit dans une châsse de bois ; puis le 2 août, eut lieu la fête de la translation. Le légat entonna le *Te Deum* ; après la messe chantée par le Provincial des Célestins, il ouvrit la châsse, en tira les reliques qu'il fit vénérer au peuple, et, après en avoir séparé la tête, les enferma dans un coffre de plomb, couvert de bois de cyprès.

Soixante-dix ans après, (3 novembre 1597), le vice-légat Bordini transporta les reliques au maître-autel, et les déposa dans une châsse d'argent ; puis le 14 janvier, il les reporta solennellement à la chapelle du Bienheureux, dans laquelle il avait fait construire un autel monumental. Cette seconde translation se fit avec une pompe extraordinaire.

* * *

Vers la même époque (1594), les habitants de Ligny multipliaient les témoignages de leur confiance envers leur saint compatriote. Les vignerons l'invoquaient spécialement à l'époque des Rogations et des vendanges. De nombreux *ex-voto* furent suspendus à son autel ; les prédicateurs en renom prononçaient en son honneur d'éloquents panégyriques.

L'ordre des Célestins en général, la Lorraine, la Belgique, l'Espagne et l'Italie fêtèrent aussi *Pierre le Thaumaturge* ; et quand en

1622, l'aimable François de Sales visita notre ville, c'est vers l'église des Célestins surtout qu'il se dirigea ; il y improvisa un très beau panégyrique, et, ne pouvant se détacher de son cher Luxembourg : *Laissez-moi encore un peu*, disait-il, *auprès de mon illustre maître*.

La Révolution suspendit ce concert d'éloges qui s'était poursuivi pendant près de trois cents ans, et dispersa les gardiens de la tombe glorieuse. Le curé constitutionnel de S.-Didier transporta un soir, à la lueur des lanternes, les saintes reliques ; mais il fut chassé à son tour, et son église convertie en prison. La châsse est profanée et les reliques jetées à terre.

Heureusement avec les profanateurs sacrilèges se rencontra un homme de bien, qui recueillit les ossements épars, et les confia à sa famille, dont il recevait la visite à S.-Didier. Pendant plus d'un demi-siècle, le dépôt se conserva ainsi précieusement ; en 1846, on prend des informations très minutieuses, que l'on les poursuit pendant sept ans ; la lumière se fait ; la commission présidée par Mgr Sermand reçoit des félicitations de Mgr Debelay et l'approbation de Rome.

Le 1er jour de l'année 1854 est un grand jour de fête, toutes les cloches de la ville sont en branle ; les rues sont pavoisées et richement décorées ; la ville entière s'émeut ; au milieu des chants de triomphe, Mgr Debelay transporte solennellement à S. Didier les reliques du B. Pierre du Luxembourg, exposées au milieu des flambeaux et de fleurs, dans la vaste cour d'honneur du Grand Séminaire.

Les quatre paroisses de la ville, les Confréries, les Congrégations assistèrent à cette procession qui fut splendide ; deux brigades de gendarmerie ouvraient la marche ; cinq cents chanteurs, dirigés par M. l'abbé Bonaud, de Cavaillon, exécutèrent des morceaux composés pour la circonstance ; ce fut un beau jour de triomphe.

*
* *

Voilà plus de trente ans, que la piété renouvelle ses élans autour des reliquaires du B. Pierre de Luxembourg et de S. Bénézet, quand le mois de juillet reparaît. Les murailles de l'église paroissiale se couvrent d'oriflammes ; les fidèles entourent la Table sainte et multiplient leurs prières auprès des châsses vénérées ; les orateurs célèbrent les vertus des jeunes saints ; et, quand la liberté est donnée à la Religion, la place des *Corps-Saints* s'illumine des feux de joie.

En ce glorieux centenaire du B. Pierre de Luxembourg, il nous sera, sans doute, donné d'assister à l'un des plus beaux spectacles de notre sainte Religion. Le clergé et les fidèles s'empresseront de répondre à l'appel de leur premier Pasteur ; ils s'inclineront avec respect sous la bénédiction des Pontifes invités à cette solennité ; ils demanderont avec confiance aux jeunes saints Avignonais des jours meilleurs pour l'Église et pour la patrie.

H. Raymond.

LE CULTE DU B. PIERRE DE LUXEMBOURG

à Châteauneuf, à Avignon et à Villeneuve.

Mgr de Prilly, évêque de Châlons et jadis supérieur du Petit Séminaire d'Avignon, disait, un jour, que l'existence de Pierre de Luxembourg à la cour de papes se résumait en trois mots : *Châteauneuf, Avignon, Villeneuve* ; à Châteauneuf, le ravissement du Thabor; à Avignon, l'amertume de l'exil ; à Villeneuve, la mort. — Rappelons en quelques mots le culte que ces trois pays ont voué à notre jeune Saint.

I

Dès que le pèlerin du Nord, après avoir traversé l'antique ville d'Orange, débouche dans la vallée du Rhône, son regard est attiré par une tour en ruines d'un aspect si imposant qu'elle semble écraser la bourgade qui s'étage à ses pieds. Cette tour est tout ce qui reste du *Château-Neuf* des Papes bâti par Clément VII et brûlé par le baron des Adrets.

Interrogez les habitants, ils vous diront que leurs anciens ont vu là des Chevaliers (1) et des Papes, et que la tour s'appelle « *Tour Saint-Pierre de Luxembourg.* » Un jour, racontent-ils, le cardinal venait d'Avignon pour faire visite au pape : il montait un beau cheval blanc et ses serviteurs le suivaient à distance. Tout à coup apparaît dans les airs au-dessus de la tour une croix resplendissante. Hors de lui, il descend de cheval, tombe à genoux et, pendant un quart d'heure, reste plongé dans l'extase... A l'endroit où saint Pierre de Luxembourg eut cette vision, une chapelle a été bâtie, celle qui se voit surmontée d'un élégant campanile près la route de Sorgues (2).

Cette chapelle rurale fut restaurée en 1861 sur les assises de l'ancienne: elle est ornée d'un bel autel en pierre ouvragée que surmonte une statue du bienheureux cardinal en bois sculpté, véritable œuvre d'art. Chaque année, la population de Châteauneuf se rassemble dans cet oratoire pendant la neuvaine qui s'ouvre le 5 juillet : elle y vénère la relique du saint (3) dont la fête se célèbre solennellement le dimanche. Tel est le zèle du pasteur pour l'éclat de ces cérémonies, tel est l'attachement des fidèles pour leur bien-aimé patron, que pas un ne manque à l'appel.

(1) On voit encore l'enceinte fortifiée des Templiers.

(2) A Sorgues, (autrefois Pont de Sorgue, résidence d'été des Papes), il y avait un couvent de Célestins, dit couvent de Gentilly, d'où Clément VII appela les religieux qui fondèrent celui d'Avignon sur la tombe du B. P. de Luxembourg. Ce couvent de Gentilly est détruit : de sa chapelle ont été transportés à l'église paroissiale de beaux tableaux de Mignard, dont l'un représente le Bienheureux debout, en extase devant la croix.

(3) Un fragment de la mâchoire à laquelle adhère une dent.

A Châteauneuf, le B. P. de Luxembourg est unanimement invoqué, surtout pendant les orages si funestes aux vignes qui, jusqu'à ces dernières années, étaient une source de grande richesse pour le pays. Il n'est pas de maison qui ne possède son image : il y est représenté en extase devant la croix lumineuse ; autour de cette image sont figurées diverses scènes locales (miracle de la famille préservée de la foudre, vue du château et du bourg que bénit le Bienheureux).

Il faut une demi-heure de marche pour parvenir de la chapelle au sommet du coteau que couronne le vieux château. On s'engage dans une ruelle grimpante et tortueuse, et après mille détours, brusquement, à un coude de la ruelle devenue sente, apparaît la tour colossale.

Cette tour rectangulaire présente un développement de quinze mètres : vers l'ouest, elle se rattache au bâtiment principal dont il ne reste qu'une vaste façade sur la vallée du Rhône. La grande salle de la tour est intacte : en 1846, on y voyait encore des traces de peintures. Peut-être se rapportaient-elles à la vision du cardinal de Luxembourg ? « Clément VII, informé du miracle par la confession du Bienheureux, pour en conserver la mémoire, le fit peindre dans une salle de ce château, où il se voit (1). »

Le « jardin » où se promena Pierre de Luxembourg tout absorbé dans sa méditation sur la Passion ne fut jamais qu'une garenne. On voit encore, par places, les murs crénelés de l'enceinte. De cette hauteur, la vue est admirable. C'est d'abord le Ventoux, géant de la contrée, chanté par Pétrarque, le Luberon et la montagne d'où sort la Fontaine de Vaucluse, puis les Alpines dentelées, les coteaux escarpés des Cévennes, la belle vallée du Rhône bornée à l'horizon par les montagnes bleues de l'Ardèche, et enfin les dernières ramifications des Alpes du Dauphiné, et, dans ce cadre immense, la riche plaine du Comtat toujours égayée par le soleil.

Quel spectacle était plus capable de transporter d'admiration le jeune cardinal et d'élever jusqu'au Créateur son âme reconnaissante ?

II

Quand on se rend de Châteauneuf à Avignon, on traverse la petite ville de Sorgues, jadis célèbre par le palais d'été des Papes, et le riche couvent des Célestins d'où furent appelés en 1392 les premiers gardiens de la tombe du B. Pierre de Luxembourg. Puis, après une demi-heure de marche, le voyageur découvre successivement le Rhône, l'abbaye fortifiée de Saint-Andaon située sur un coteau aride qui domine Villeneuve, le pont Saint-Bénézet avec sa chapelle aérienne, les pittoresques remparts du quatorzième siècle, le vieux palais des Papes et la basilique de N.-D. des Doms qui couronnent majestueusement la ville d'Avignon.

En entrant par la porte Saint-Michel, dont le nom rappelle l'em-

(1) Vie du B. P. de Luxembourg, page 185.

placement du « charnier » où voulut être enseveli le B. Luxembourg, on arrive bientôt à l'église des Célestins qui, pendant quatre cents ans, abrita sa tombe glorieuse. Cette église sert de pénitencier militaire ; le quartier où elle est située a pour patron spécial le B. Pierre : on y voit la Place des « corps saints » où, le 5 juillet, la foule se réunit autour d'un feu de joie, et, à peu de distance, la maison du cardinal de la Tour d'Auvergne qui servit pendant quelque temps de résidence à notre saint, enfin le puits, où depuis le jour de sa mort accoururent, pleins de foi, les fièvreux.

Je viens de dire que, pendant quatre cents ans, l'église des Célestins abrita les restes vénérés du Bienheureux Pierre de Luxembourg. En 1790, ils furent transportés dans l'église de Saint-Didier qui, devenue trois ans après maison de détention, abrita pêle-mêle des royalistes suspects et des soldats réfractaires. Ces derniers se jetèrent un jour sur la châsse du Bienheureux, la brisèrent et répandirent les reliques sur le pavé. Parmi les détenus, se trouvait un chevalier de Saint-Louis, M. Sermand, qui avait obtenu la permission de recevoir la visite de ses enfants en bas âge. Avec grande peine et le plus discrètement qu'il put, il recueillit les pieux ossements, et chaque fois que ses enfants pénétraient jusqu'à lui, il leur en confiait des fragments avec recommandation expresse de les remettre entre les mains de leur aïeul. Celui-ci rassembla les reliques dans une serviette et les déposa sous le plancher de sa chambre.

Quand des jours meilleurs se levèrent pour la religion, le chevalier Sermand (1) retira de leur cachette les ossements intacts du bienheureux cardinal et les mit dans le lieu le plus honorable de sa maison. Jusqu'en 1846 et malgré des distributions regrettables de reliques faites à des familles pieuses, cette maison fut véritablement le centre de la dévotion au Bienheureux P. de Luxembourg à Avignon (2).

En 1846, le colonel d'un régiment qui tenait garnison à Avignon, M. Paillot, allié à une famille de Ligny, sollicita de l'archevêque (Mgr Naudo) une relique de son saint compatriote. Le prélat n'en possédait aucune : il envoya aux informations son secrétaire (3) qui, le soir même, revint avec la modeste châsse de la famille Sermand. Après une enquête où furent entendus quelques anciens détenus de 1793 (4), Mgr Naudo authentiqua la châsse et la rendit à son propriétaire, avec la permission écrite de la faire exposer dans quel-

(1) Il avait été sauvé par le 9 thermidor.

(2) Les deux filles du chevalier Sermand, Mmes Ducroix et Montagnac distribuèrent plusieurs des reliques qu'elles avaient contribué à sauver en 1793. Une pieuse tradition amène encore de nos jours devant le reliquaire de cette famille les élus du sacerdoce, la veille de leur ordination.

(3) M. l'abbé Chaillot qui, cette même année, fut d'après le témoignage des médecins, miraculeusement guéri par le contact du reliquaire du Bienheureux.

(4) Notamment M. Buffardin, dont le fils devint aide de camp du roi Louis-Philippe.

que église ou chapelle d'Avignon. Ce fut le petit séminaire dédié au B. P. de Luxembourg, qui pendant quelques années profita de cette faveur.

Cependant d'actives recherches étaient entreprises sous la direction des abbés Manivet et Olivier dans le but de réunir les reliques éparses du saint cardinal; grâce aux indications des enfants du chevalier Sermand (1), on fit d'importantes découvertes dans les maisons d'anciens Pénitents et au couvent des Dames du Saint-Sacrement.

En 1853, une information canonique présidée par Mgr François Sermand, protonotaire apostolique et vicaire-général d'Avignon (2), aboutit à la reconnaissance officielle des reliques et à leur translation solennelle dans l'église Saint-Didier (1er janvier 1854).

C'est là qu'elles reposent encore, entourées de la vénération publique. La châsse est enfermée dans une niche en forme de tombeau, derrière la statue couchée du saint. Des vantaux peints ferment entièrement cette niche horizontale que l'on n'ouvre qu'une fois l'an; les armes du bienheureux cardinal, quelques peintures polychromes et une inscription en lettres gothiques complètent ce monument d'une grande simplicité (3).

Un triduum accompagne chaque année la fête du B. P. de Luxembourg. Une statue en cire revêtue d'étoffes plus ou moins précieuses le représente sous les traits d'un enfant tenant sur un voile de gaze une guirlande fleurie. Aux offices du matin, de nombreux bouquets déposés sur le tombeau sont bénits et distribués aux assistants. Le soir un panégyrique est prononcé devant une foule recueillie.

Outre la chapelle du Bienheureux Pierre de Luxembourg, étroite, sombre, modeste, quelque peu délaissée, l'église Saint-Didier possède sa statue en marbre, œuvre du xve siècle, et quelques tableaux dont l'un représente l'extase du Saint devant Châteauneuf, et un autre, la chapelle dédiée au pieux cardinal dans l'église des Célestins.

En dehors de la paroisse Saint-Didier, le Bienheureux Pierre de Luxembourg est encore fêté dans l'église Saint-Pierre et au Petit Séminaire qui porte son nom (4).

(1) De qui nous tenons ces détails inédits, avec preuves à l'appui.

(2) Ce prélat n'avait qu'une parenté éloignée avec le chevalier Sermand qui sauva les reliques en 1793.

(3) Cette inscription fut composée en 1856 par M. Monier, actuellement supérieur du Séminaire des hautes Etudes, aux Carmes, à Paris.

Eia! quibus primo fulget candore juventus,
Huic tumulo assidua lilia ferte manu.
Flos Petrus ipse fuit: cita quem si fata tulere
Pristinus et cæso flore revixit odor.
At fera' fragrantes latè vesania sparsit
Relliquias, solet ut nigra procella rosas.
O qui thure sacras iterum recreaveris aras,
Da, Petre, corda simul flore virere novo!

(4) Plusieurs communautés religieuses de la ville possèdent quelques reliques: grand Séminaire, collège des Jésuites, Noviciat des frères des écoles chrétiennes, Dames du Sacré-Cœur, Carmélites, Religieuses de l'Hôpital.

L'église autrefois Collégiale de Saint-Pierre, a été entièrement rebâtie depuis le jour où le Bienheureux cardinal y eut sa vision :

Pensàvo à Dieu tan fervanmén
Qu'ero din lou ravissamén :
Din San Pierre un jour estasia
Vegué Jesus crucifia.

On y conserve son chapeau cardinalice, sa dalmatique et son étole diaconales.

Le Petit Séminaire du B. Pierre de Luxembourg expose chaque année à la vénération une relique et les sandales de son patron. Le 5 juillet 1885 une statue érigée en son honneur fut bénite et enrichie d'indulgences par Mgr Vigne, archevêque d'Avignon. La fête du B. P. de Luxembourg est célébrée au séminaire avec un entrain, un enthousiasme dont ne peuvent se faire une idée ceux qui ne connaissent point la langue, les mœurs, la chaleur méridionale. Certes, c'est de grand cœur qu'on y chante le cantique populaire :

Cantén bén toutei à l'hounour
De San Pierre de Luxambourg ;
Toutei lei gén lou sçavon proun
Qu'es noste glourious Patroun ;
Louén bén dins aqués jour
San Pierre de Luxembourg !

III

Villeneuve était, en France, comme l'antichambre des papes. Nulle part, si ce n'est peut-être dans certaines villes de l'Italie, le passé ne fait avec le présent un plus saisissant constraste : nulle part les ruines ne se mêlent plus étroitement aux maisons modernes, la mort à la vie.

« De grands hôtels béants, tout chargés de sculptures dégradées, » souillées ; d'immenses constructions qu'il est aussi difficile d'entre- » tenir que d'utiliser ; de pompeuses entrées qui s'ouvrent sur le vide ; » des cloîtres où les ronces croissent en liberté ; des salles dont la » voûte s'est écroulée ; des palais monastiques où des pauvres se » taillent à grand'peine un abri : une impression de mélancolie, de tris- » tesse, que la gaîté même du ciel et l'animation d'une population » industrielle et agricole ne parviennent pas à dissiper, voilà l'impression d'une excursion à Villeneuve (1). »

Mais à l'époque où le cardinal Pierre de Luxembourg s'y transporta pour respirer un air plus pur que celui d'Avignon, Villeneuve était dans toute sa splendeur.

(1) Penjon, (Avignon et le palais des Papes, 123,)

Fondée à l'ombre de tours magnifiques de l'abbaye de Saint-Andaon, elle venait d'être dotée d'une Collégiale par le cardinal Arnaud de Via et d'une Chartreuse par le pape Innocent VI. De toutes parts les prélats de la Cour pontificale s'y faisaient élever des *villas* dont quelques unes subsistent encore.

Le B. Pierre de Luxembourg accepta l'hospitalité du cardinal Pierre de Montérac dont la maison était située près du cloître du chapitre de la Collégiale; il y fut malade pendant quelques mois et y mourut le 2 juillet 1387.

Le palais du cardinal Montérac est toujours debout, mais au XVIe siècle et au commencement de celui ci, il a subi de nombreuses transformations. On voit encore la chambre où le Bienheureux rendit le dernier soupir : elle est nue et de petite dimension. Sur le trumeau de la cheminée, on lit le monogramme du cardinal Pierre de Montérac. Jusqu'à la Révolution, un autel s'élevait dans cette chambre à laquelle on accède par un bel escalier.

De tout temps, les fiévreux sont allés demander leur guérison à l'eau du puits creusé dans la cour.

Avant 1793, la Collégiale possédait une chapelle dédiée au B. Luxembourg avec un buste renfermant quelques reliques. Les Chartreux de Villeneuve dont Pierre fréquentait le monastère avaient reçu des Célestins d'Avignon un *humerus* qu'ils conservaient dans un bras en argent. La Congrégation de la Doctrine Chrétienne, érigée dans l'église paroissiale, était placée sous le vocable du Bienheureux dont les jeunes gens, les pénitents gris et les pénitents noirs célébraient la fête par une procession générale.

De nos jours, le culte du saint enfant de Ligny est redevenu tout à fait populaire à Villeneuve, grâce à la sollicitude de M. le curé-doyen Fuzet, docteur en théologie et ancien professeur à la Faculté de Lille. Par ses soins, une chapelle d'un goût très pur a été élevée en l'honneur du B. P. de Luxembourg : elle est ornée de la statue du saint en *cappa magna* cardinalice. Autour de son reliquaire et comme une garde d'honneur, sont disposées vingt-quatre châsses provenant de l'ancienne Chartreuse.

Le 3 juillet prochain, un triple centenaire va réunir à Villeneuve les pieuses populations du Comtat et du Languedoc : centenaire de sainte Casarie, recluse, de saint Pons, abbé, et du B. Pierre de Luxembourg; morts à Villeneuve, la première en 587, le second en 1087, et le troisième en 1387.

Ces belles fêtes d'Avignon et de Villeneuve trouveront en même temps un écho dans le diocèse de Verdun, au pays natal de Pierre de Luxembourg...

Dum plaudit Avenio,
Accinat hæc regio
Sui Civis gloriæ !

FOURIER DE BACOURT.

INDULT DU SOUVERAIN PONTIFE

Accordant une Indulgence plénière à l'occasion du cinquième Centenaire du Bienheureux Pierre de Luxembourg.

LÉON XIII, PAPE

A tous les Fidèles qui liront les présentes Lettres, salut et Bénédiction Apostolique.

Il nous a été exposé que dans l'église paroissiale de Saint Didier de la ville d'Avignon, on doit, cette année, célébrer des fêtes à l'occasion du 5e centenaire de la mort du Bienheureux Pierre de Luxembourg, confesseur. Voulant, dans la pieuse charité qui nous anime, accroître la religion des fidèles et le salut des âmes par les trésors célestes de l'Eglise, Nous accordons l'Indulgence plénière et la rémission de tous les péchés, à tous les fidèles, de l'un et de l'autre sexe, vraiment contrits, confessés et communiés qui, un des cinq jours continus que l'Ordinaire désignera une fois seulement pour la célébration des fêtes, visiteront dévotement ladite église, et y prieront pour la concorde des princes chrétiens, l'extirpation des hérésies, la conversion des pécheurs et l'exaltation de Notre mère la sainte Eglise. Cette indulgence est applicable par voie de suffrage aux âmes du Purgatoire qui ont quitté ce monde dans l'union avec Dieu par la charité. Les présentes Lettres sont valables seulement pour cette année.

Donné à Rome, sous l'anneau du pêcheur, le 26 avril de l'année 1887. de notre Pontificat la dixième.

(Place du Sceau).

Cardinal Ledochowski.

RESCRIT

Accordant aux prêtres la faculté de célébrer la messe propre du Bienheureux Pierre de Luxembourg dans l'église de S.-Didier les trois jours qui précéderont la fête du Centenaire.

Sur l'instante prière du Révérendissime Seigneur Archevêque d'Avignon, soumise à Notre Très Saint Père le Pape Léon XIII par le Secrétaire soussigné de la Sacrée Congrégation des Rites, Sa Sainteté, dans sa bienveillance, à l'occasion des fêtes que va amener le 5e centenaire de la mort du Bienheureux Pierre de Luxembourg, confesseur, pour tous les prêtres qui célèbreront le saint sacrifice dans l'église paroissiale de S.-Didier de la ville d'Avignon les 2, 3 et 4 juillet de la présente année, a daigné accorder le privilège de dire la messe propre de ce Bienheureux confesseur, pourvu qu'on ne célèbre dans ces mêmes jours aucune fête double de 1re classe, s'il s'agit de la messe solennelle, et aucune fête double de 2me classe, s'il s'agit des messes basses, auxquels cas Sa Sainteté veut bien permettre que l'on ajoute à la messe de l'office courant la mémoire du Bienheureux confesseur. Mais cette concession ne dispense pas de la messe conventuelle ou paroissiale qui répond à l'office du jour, s'il y a obligation de la célébrer ; et les Rubriques doivent être observées. Nonobstant toutes les dispositions qui pourraient être contraires.

Ce 24 mars 1887.

Signé : Cardinal BARTOLINI,

Préfet de la S. Congrégation des Rites.

(Place du Sceau).

Laurent SALVATI,

Secrétaire de la même Sacrée Congrégation.

ORDRE DES EXERCICES DU CENTENAIRE.

Jeudi, 30 Juin.

A 8 h. du soir, Vêpres solennelles, — au *Magnificat,* ouverture de la Châsse, vénération des reliques, salut solennel.

Vendredi, 1er juillet.

Pèlerinage de la paroisse de S.-Symphorien. *A* 6 *h.* 1/2, messe de communion avec instruction par le R. P. d'Alauzier, Prieur des Dominicains de Carpentras, prédicateur de la Retraite préparatoire.

A 9 h 1/2, Grand'messe.

A 8 *h. du soir,* Complies, sermon et salut solennel.

Samedi, 2 juillet.

Pèlerinage de la paroisse de S.-Pierre. *A* 6 *h.* 1/2, messe de communion avec l'instruction.

A 9 h. 1/2, Grand'messe.

A 8 h. du soir, Complies, sermon et salut solennel.

Dimanche, 3 juillet.

Pèlerinage de la paroisse de S.-Didier. *A 7 h.* messe de communion avec l'instruction.

A 10 h. Grand'messe.

A 4 h. Vêpres, sermon et salut solennel.

Lundi, 4 juillet.

Pèlerinage de la paroisse de S.-Agricol. *A 6 h. 1/2*, messe de communion avec l'instruction.

A 9 h. 1/2, Grand'messe.

A 3 h., au P. Séminaire, salut solennel ; 4 h., séance littéraire et musicale en l'honneur du B. Pierre de Luxembourg.

A 8 h. du soir, Complies, sermon et salut solennel.

Mardi, 5 juillet.

A 7 h. messe de communion,

A 9 h. 1/2, messe pontificale.

A 4 h h. 1/2, Vêpres pontificales, panégyrique du B. Pierre de Luxembourg, par S. G. Monseigneur Besson, évêque de Nîmes ; salut solennel.

N. B. — Les saintes reliques seront exposées à la vénération des fidèles pendant les cinq jours. Les prêtres de la ville et du diocèse sont invités à venir dire la messe dans la paroisse de S.-Didier pour gagner l'indulgence. Ils voudront bien pour cela se faire inscrire à la sacristie pour le jour et l'heure, afin qu'il y ait toujours des servants à leur volonté.

CANTIQUE

EN L'HONNEUR

DU BIENHEUREUX PIERRE DE LUXEMBOURG

(Musique de l'abbé BONAUD.)

REFRAIN

O Patron vénérable,
Du monde heureux vainqueur,
Grand Saint, ton nom aimable
Réjouit notre cœur.

Prête l'oreille à ce pieux cantique,
Illustre Saint, en ce beau jour
Qui rappelle ta gloire antique,
Reçois nos vœux et notre amour....
Retentissez, voûtes sacrées,
De nos harmonieux accords,
Et vous, Reliques vénérées,
Soyez témoins de nos joyeux transports.

O Luxembourg, ta plus tendre jeunesse
Se couronna de sainteté,
Et ta vie exhala sans cesse
Un doux parfum de piété.
Pour le Seigneur plein d'un saint zèle
On te voyait près des autels
Puiser une force nouvelle
Et mériter des lauriers immortels.

Le voyez-vous au séjour de la gloire,
Au sein de la plus douce paix,
Nous convier à la victoire
Et nous combler de ses bienfaits ?
O toi, des vertus pur modèle,
Embrase-nous du saint amour,
Fais qu'au Seigneur toujours fidèle,
Ton peuple règne en l'éternel séjour.

En évoquant un passé plein de gloire,
Réjouis-toi, noble Avignon ;
Comme aux beaux jours de ton histoire
Chante ton glorieux Patron.
Enfants de la seconde Rome,
Environnons-le de splendeur,
Et levons-nous comme un seul homme
Pour célébrer notre grand protecteur !

Imprimatur :

Avenione, 21 Junii 1887.

CLÉMENT, *Vic.-Gén.*

Avignon. — AUBANEL fr., imp. de N. S. P. le Pape et de Mgr l'Archevêque.

www.ingramcontent.com/pod-product-compliance
Lightning Source LLC
LaVergne TN
LVHW010011230826
846092LV00002B/751
9782329553580